Anselmo Morandi

Liturgia e educazione alla fede

Anselmo Morandi

Liturgia e educazione alla fede

Edizioni Sant'Antonio

Cover image: www.ingimage.com

Publisher:
Edizioni Accademiche Italiane
is a trademark of
International Book Market Service Ltd., member of OmniScriptum Publishing Group
17 Meldrum Street, Beau Bassin 71504, Mauritius

Printed at: see last page
ISBN: 978-613-8-39155-5

Indice

Prefazione

La Costituzione conciliare *Sacrosanctum Concilium* raccomanda ai pastori d'anime la cura della formazione liturgica e della partecipazione attiva dei fedeli, come uno dei principali doveri del dispensatore dei misteri di Dio (SC 19). L'istanza dei padri conciliari permane attuale anche oggi, se «la Chiesa evangelizza e si evangelizza con la bellezza della liturgia, la quale è anche celebrazione dell'attività evangelizzatrice e fonte di un rinnovato impulso a donarsi» (*Evangelii gaudium*, 24).

Proprio grazie a questa tensione formativa, presente tra le istanze del Movimento liturgico, sono maturate nella Chiesa una sensibilità e una crescita di interesse per la liturgia come fonte e culmine della vita cristiana e la consapevolezza dell'importanza che tutto il popolo di Dio ne abbia accesso con una partecipazione piena, attiva e consapevole.

La formazione liturgica però va intesa in una duplice direzione. La prima potrebbe essere definita formazione "alla liturgia", che consiste nell'accompagnare ogni battezzato a entrare in familiarità con i riti, i testi, i gesti, l'insieme del linguaggio simbolico della liturgia stessa per giungere a una piena, consapevole, attiva e fruttuosa partecipazione dell'intero popolo di Dio alla celebrazione del mistero di Cristo. La seconda è la formazione "liturgica" o "della liturgia", nel senso di quella formazione che la liturgia compie nei confronti dei fedeli, conducendoli alla partecipazione alla vita divina, mediante la loro configurazione a

Cristo. È la liturgia infatti che "dà forma" alla vita cristiana. La partecipazione attiva non può essere infatti ridotta al mero "attivismo" dell'agire dei partecipanti ai vari riti della Chiesa, essa è partecipazione all'atto di Cristo, che nell'azione rituale della Chiesa si compie. Grazie a questa partecipazione i fedeli, attraverso i riti e le preghiere, sono chiamati a imparare «a offrire sé stessi» perché «di giorno in giorno, per mezzo di Cristo mediatore, siano perfezionati nell'unità con Dio e tra di loro, in modo che Dio sia finalmente tutto in tutti» (SC 48). Per usare le parole di Papa Francesco, «[la liturgia] porta a vivere un'esperienza iniziatica, ossia trasformativa del modo di pensare e di comportarsi, e non ad arricchire il proprio bagaglio di idee su Dio. Il culto liturgico non è anzitutto una dottrina da comprendere, o un rito da compiere; è naturalmente anche questo ma in un'altra maniera, è essenzialmente diverso: è una sorgente di vita e di luce per il nostro cammino di fede» (*Discorso ai partecipanti alla 68ma Settimana Liturgica Nazionale* - Roma, 24 agosto 2017).

A sostegno di questo costante impegno di formazione e di educazione liturgica sono necessari strumenti che possano aiutare con semplicità e rigore i pastori, che sono chiamati non solo a un'opera di catechesi sulla liturgia e i sacramenti, ma a coinvolgere i fedeli stessi nella celebrazione, nella sua preparazione e nel suo svolgimento dignitoso e coinvolgente. Oggi la ministerialità liturgica dei laici è diffusa nel canto, nel servizio alla proclamazione della Parola di Dio, in quello all'altare, fino alla possibilità di presidenza di assemblee domenicali in assenza di presbitero. Ma la preparazione è sempre all'altezza del compito, delle attese dei fedeli e soprattutto delle esigenze della celebrazione stessa? Quale familiarità hanno nostri gruppi liturgici con la grammatica e la sintassi del linguaggio simbolico-rituale, con i testi dell'eucologia, con la struttura e il cammino dell'anno liturgico, con la preghiera oraria della Chiesa?

La pubblicazione di A. Morandi, nell'articolazione dei temi e con un linguaggio essenziale e immediato, intende essere un contributo al cammino formativo di gruppi liturgici, ministri, catechisti e semplici fedeli, che sentano il desiderio di offrire un servizio sempre più generoso e competente.

Nella consapevolezza che, come scrive Romano Guardini, «la liturgia non riguarda la conoscenza, ma la realtà» (*Formazione liturgica*, OR, Milano 1988, p. 17), l'auspicio è che da questo libretto possa giungere uno stimolo non solo per aumentare il bagaglio delle conoscenze, ma soprattutto per ridare nuovo vigore e freschezza alle celebrazioni liturgiche delle nostre comunità.

Angelo Lameri

Ordinario di Liturgia e Sacramentari generale

Pontificia Università Lateranense

Capitolo I

Per introdurci nel tema: alcune considerazioni generali sul rapporto tra la liturgia e l'educazione alla fede

Mettere a tema il rapporto tra la liturgia e l'educazione alla fede significa affrontare una tematica pastorale di enorme rilevanza che spalanca davanti a noi una serie di questioni molto ampie e complesse che non intendo e non posso considerare in maniera esaustiva. Il modesto intento di questo contributo è quello di richiamare ciò che è già stato detto più volte e da più parti, e cioè che la liturgia ha un ruolo decisivo nella formazione del soggetto cristiano[1]

Il titolo suggerisce anzitutto di riflettere sul rapporto tra liturgia e catechesi, entrambe orientate all'educazione alla fede. Più specificatamente, il titolo sembra implicitamente riconoscere la valenza "didattica" della liturgia. Come già affermava Paolo VI, il Papa promotore della riforma liturgica, la liturgia è la prima didascalia della Chiesa, ovvero ciò attraverso cui la Chiesa, anzitutto e soprattutto, introduce i fedeli - tutti, di qualsiasi età - al mistero di Cristo e li educa

[1] CONFERENZA EPISCOPALE ITALIANA, *Educare alla vita buona del Vangelo,* Orientamenti pastorali dell'episcopato italiano per il decennio 2010-2020. Gli Orientamenti ricordano infatti che la celebrazione liturgica insieme all'ascolto assiduo della parola di Dio e alla comunione nella carità sono "le dimensioni costitutive della vita ecclesiale; esse hanno un'intrinseca forza educativa, poiché mediante il loro continuo esercizio il credente è progressivamente conformato a Cristo" (n. 20)

alla fede in Lui. Prima di papa Montini già Pio XI ebbe a dire: *"La liturgia è una grande cosa. E' il più importante organo del magistero ordinario della Chiesa"*[2]. La costituzione liturgica del concilio Vaticano II Sacrosanctum concilium al numero 33 ha riconosciuto esplicitamente alla liturgia un valore didattico: *"Benchè la sacra liturgia sia principalmente culto della maestà divina, tuttavia presenta anche un grande valore pedagogico per il popolo credente. Nella liturgia, infatti, Dio parla al suo popolo e Cristo annunzia ancora il suo Vangelo; il popolo a sua volta risponde a Dio con il canto e con la preghiera. Anzi, le preghiere rivolte a Dio dal sacerdote che presiede l'assemblea nel ruolo di Cristo, vengono dette a nome di tutto il popolo santo e di tutti gli astanti. Infine, i segni visibili di cui la sacra liturgia si serve per significare le realtà invisibili, sono stati scelti da Cristo o dalla Chiesa. Perciò non solo quando si legge « ciò che fu scritto a nostra istruzione » (Rm 15,4) ma anche quando la Chiesa prega o canta o agisce, la fede dei partecipanti è alimentata, le menti sono elevate verso Dio per rendergli un ossequio ragionevole e ricevere con più abbondanza la sua grazia".* Il noto documento della Conferenza episcopale italiana "Il Rinnovamento della Catechesi", infine, afferma che *"con tutti i suoi caratteri, la liturgia è una preziosa catechesi in atto"*(n. 114).

---

[2] Parole pronunciate nel corso di un'udienza privata concessa a padre Capelle, abate di Mont Cesar il 12 dicembre 1935. Cfr C. BRAGA – A. BUGNINI, *Documenta ad instaurationem liturgicam spectantia,* CLV – Edizioni liturgiche, Roma, 2000, p. 405

Di fatto la liturgia, attraverso in particolare la sua relazione vitale con la sacra Scrittura, è la fonte prima della fede, perché in essa sono custoditi tutti gli elementi costitutivi della fede cristiana.
Questa valenza della liturgia in ordine all'educazione alla fede è molto bene evidenziata dai vescovi italiani nel documento pastorale "Comunicare il vangelo in un mondo che cambia"[3], dove si parla della liturgia quale "luogo educativo e rivelativo della fede" (n. 39).
Prima di vedere come la liturgia educa alla fede, mi pare opportuno domandarsi: i catechisti che operano nelle nostre parrocchie sono convinti di questa potenzialità della liturgia in ordine alla educazione alla fede? Non guardano forse alla liturgia con un certo sospetto, quasi che più che realtà che favorisce l'educazione alla fede la complica? In realtà, queste domande ne rilanciano altre ancora più decisive: che cos'è la liturgia? Qual è il suo senso nella vita della Chiesa? Perché la Chiesa da sempre non solo annuncia ma celebra la fede, pone cioè delle azioni simboliche, che noi chiamiamo appunto liturgiche, attribuendo ad esse un valore assoluto? (Il Concilio Vaticano II nella Sacrosanctum Concilium parla della liturgia come dell'azione sacra per eccellenza, come della fonte e del culmine della vita cristiana cf.n.10). Si tratta di interrogativi che non sono né retorici, né marginali in ordine al cammino di fede della Chiesa, delle nostre Comunità cristiane. Tanto è vero che i vescovi italiani, nel documento sopra citato, scrivono: *"Nonostante i*

[3] CONFERENZA EPISCOPALE ITALIANA, *Comunicare il Vangelo in un mondo che cambia,* Orientamenti pastorali per il decennio 2000-2010.

tantissimi benefici apportati dalla riforma liturgica del concilio Vaticano II, spesso uno dei problemi più difficili oggi è la trasmissione del vero senso della liturgia cristiana. Si constata qua e là una certa stanchezza e anche la tentazione di tornare a vecchi formalismi o di avventurarsi alla ricerca ingenua dello spettacolare. Pare talvolta che l'evento sacramentale non venga colto..."(n. 49). Nello stesso documento i vescovi abbozzano anche ad un rimedio per avviarsi al superamento di questa situazione di disagio: *"la celebrazione eucaristia chiede molto al sacerdote che presiede l'assemblea e va sostenuta con una robusta formazione liturgica dei fedeli. Serve una liturgia insieme seria, semplice e bella, che sia veicolo del mistero, rimanendo al tempo stesso intelligibile, capace di narrare la perenne alleanza di Dio agli uomini"*(n. 49).

I vescovi, dunque, "denunciano" il venir meno della trasmissione del vero senso della liturgia, soprattutto rispetto alle giovani generazioni. Il rischio reale è il formalismo e/o la spettacolarizzazione, mentre la via da loro indicata è la riscoperta della serietà, della semplicità e della bellezza della liturgia. Per essere "veicolo del mistero", per essere in grado di educare alla fede, la liturgia oggi deve ritrovare serietà, semplicità e bellezza. Non una o l'altra di queste caratteristiche, ma tutte e tre insieme. E va detto con forza che il vero senso della liturgia non lo si trasmette principalmente attraverso gli insegnamenti sulla liturgia, ma lo si acquisisce in primo luogo dalle liturgie che si vivono e si celebrano ordinariamente, domenica dopo domenica, nelle comunità cristiane di appartenenza. Attraverso le celebrazioni liturgiche, e segnatamente la celebrazione eucaristica nel Giorno del Signore, si manifesta il fine dell'educazione alla fede, cioè la vita nello Spirito. Nella liturgia infatti si partecipa nello Spirito alla vita di Cristo; si viene resi figli di Dio, in lui e per mezzo di lui, e proprio per questo, fratelli tra noi.

Sviluppo del tema

Veniamo ora a segnalare, in maniera sintetica e senza una pretesa di completezza, come la liturgia educa alla fede. Consideriamo quattro aspetti:

Liturgia e preghiera.

- La liturgia educa alla fede perché educa alla preghiera. Prima e al di sopra di ogni altra cosa la liturgia è preghiera, la preghiera pubblica e ufficiale della Chiesa. Il Catechismo della Chiesa Cattolica ci ricorda che *"la liturgia è partecipazione alla preghiera di Cristo, rivolta al Padre nello Spirito Santo. In essa ogni preghiera cristiana trova la sua sorgente e il suo termine*" (n. 1073). Essere iniziati alla liturgia significa essere iniziati alla preghiera che, non va mai dimenticato, è il primo atto della fede. Scrive a questo proposito Enzo Bianchi nel suo libro "Perché pregare, come pregare"*: "oggi si è persa la consapevolezza che la trasmissione della fede da parte della Chiesa dovrebbe essere anche trasmissione dell'arte della preghiera, ambito privilegiato in cui il credente può venire ad un'esperienza autentica di conoscenza del Signore nella fede"*[4]. E tale trasmissione dell'arte della preghiera avviene anzitutto e soprattutto mediante la liturgia. Scrive ancora Enzo Bianchi: "*il credente vive la sua fede nella*

[4] E. BIANCHI, *Perché pregare, come pregare,* san Paolo, Cinisello Balsamo (Mi), 2009, p. 24

comunità e deve pregare insieme agli altri fratelli e sorelle, facendo della preghiera comune la migliore scuola di preghiera personale. Egli non deve intraprendere un cammino nuovo e inedito, ma riceve dalla Chiesa il canone della preghiera: i salmi, la lettura della Scrittura, l'intercessione, il "Padre nostro" e il culmine della preghiera stessa, ossia l'Eucaristia. La liturgia è dunque l'ambiente vitale in cui crescere nella fede e nella comunione con il Signore"[5]. Certo, quella liturgica è una preghiera "particolare", per il suo linguaggio, per il fatto di essere fatta per lo più da "cose" che non decidiamo noi, per il fatto di essere comunitaria. E però di preghiera si tratta, e come ogni altra forma di preghiera richiede capacità di ascolto, di silenzio, di raccoglimento, di relazione con il Signore. Mi soffermo su un elemento, perché credo che in ordine alla pedagogia della fede abbia oggi, nel nostro contesto culturale, un valore grande. Si tratta di quell'elemento che ho introdotto con queste parole: la liturgia è una preghiera fatta per lo più da "cose" (testi, gesti) che non decidiamo noi, che non decido io. E' quella che nel bel libro di Michel Gitton viene chiamato "il principio dell'oggettività" della liturgia[6]. Nella liturgia c'è un "già" che ci viene offerto, nel quale siamo invitati ad entrare. Pensiamo all'anno liturgico: le sue feste, quelle del Signore come quelle dei santi, ci arrivano, prescindendo

---

[5] Ibidem, p. 62-63

[6] M. GITTON, *Iniziazione alla liturgia romana,* Qiqajon, Comunità di Bose, 2008

dalle condizioni personali della nostra esistenza. La liturgia ci educa al fatto che la fede è un dono che chiede di essere accolto, è qualcosa che per lo più ci precede. La liturgia non è l'espressione nel gesto e nel canto di un gruppo o di una comunità. Ci introduce nel mistero, in una realtà cioè nascosta in Dio prima di tutti i secoli *"e che è stata rivelata ai nostri giorni ai santi apostoli e profeti di Cristo"* (Ef 3,5). Questo principio della "oggettività" ci ricorda che la liturgia non vive di arbitrarietà. Se ogni domenica e a ogni festa i simboli liturgici vengono improvvisati a piacimento del celebrante o del gruppo (catechistico o liturgico), se gli oggetti sono rimaneggiati di continuo in nome di principi astratti, la spiritualità liturgica scompare. Occorre sapere che nella liturgia una cosa non è lì per caso, nè soltanto perché c'è un'idea alle spalle, ma perché in certo modo si impone per un uso provato. Questa docilità a ricevere più che a inventare non è affatto pigrizia. Al contrario ci vuole tanta vigilanza e accortezza per sapere ciò che la Chiesa vuole veramente, ciò che comanda, ciò che incoraggia, ciò che lascia fare. Non ci vuole niente a erigere le proprie abitudini o fantasie a legge! La novità vera viene non da un prurito di innovazione, ma dal desiderio di fare via via meglio ciò che ci è proposto, e di renderlo più bello. Qualcuno di fronte a questo principio dell'oggettività obietta: "ma se è così la liturgia rischia di essere fuori dalla vita". Obiezione inaccettabile. Se fosse così allora vorrebbe dire che tutti i fatti che chiamiamo attualità, presentati dalla Tv, dalla radio, da internet si svolgono "al di fuori della vita". L'obiezione mette subito in evidenza i limiti del termine "vita" e invita a dargli dimensioni più vaste. Si perché la nostra vita non si svolge soltanto secondo l'evolversi soggettivo dei nostri pensieri e dei nostri sentimenti: è ugualmente condizionata da eventi esterni che ci toccano più o meno. La questione va quindi posta in termini differenti. Come integrare questa obiettività liturgica nelle nostre esistenze?

Liturgia – corpo – atto di fede.

- Ad un primo impatto la liturgia è ambiente, contesto, clima, relazioni, azione comune, dunque fa vivere un'esperienza. In tutti noi la cifra del religioso si collega immediatamente al ricordo di questi ambienti, climi, profumi, colori, suoni. In questa prospettiva possiamo dire che la liturgia, suscitando il desiderio di Dio, prepara l'atto di fede. La liturgia, in quanto esperienza di Dio, educa a cogliere che nell'atto di fede non è coinvolta solo la mia mente, bensì anche il mio corpo. In una parola nella vita di fede è coinvolta la persona nella globalità della sua esistenza. Di più, la liturgia invita a coniugare interiorità ed esteriorità. Nell'ambito catechistico è ormai passata l'idea che la catechesi non deve essere un mero insegnamento di nozioni ma un'esperienza di fede. Ebbene la prima esperienza di fede può essere fatta proprio nella partecipazione alle celebrazioni liturgiche. Il tema del corpo nella liturgia merita un'attenzione specifica. In prima battuta il tema del corpo nella liturgia sembra rimandare unicamente alla questione del "come" si celebra, alla cosiddetta "ars celebrandi". In realtà non è affatto così. In effetti il corpo in rapporto alla liturgia non chiama in causa solo il "come" si celebra, ma anche il "che cosa" e il "perché" si celebra. In altri termini, affrontare il tema del linguaggio del corpo nella liturgia significa considerare nella sua globalità il fatto liturgico, che coinvolge tanto l'aspetto teologico (il "che cosa" e il "perché si celebra"), quanto l'aspetto antropologico (il "come si celebra"). L'aspetto teologico rimanda direttamente all'esperienza di fede, e tende a far vivere in profondità l'azione liturgica come momento effettivo della storia della salvezza (cfr Sacrosanctum Concilium 6). La liturgia, proprio perché storia della salvezza in atto, è da collegare con la Rivelazione che ha il suo centro nella incarnazione pasquale di Cristo. Interrogarsi sul "che cosa" e sul "perché" si celebra ci permette di ricordare che la liturgia e il suo linguaggio sono parte del contesto della Rivelazione, dalla quale assumono i riferimenti imprescindibili. E uno di questi riferimenti è costituito dalla natura essenzialmente sacramentale della Rivelazione. Parlare di natura sacramentale della Rivelazione significa affermare il principio teologico secondo il quale per la tradizione ebraico-cristiana Dio si autocomunica all'uomo mediante segni sensibili. Dio non si rivela all'uomo "nella mente" ma con "parole e fatti intimamente congiunti" (cfr Dei Verbum 2) che interpellano l'uomo nella sua totalità, l'uomo in quanto "spirito incarnato". E'evidente che in una prospettiva di questo genere, la dimensione corporea dell'uomo non entra in maniera estrinseca nell'ambito della relazione con Dio, al contrario vi entra costitutivamente. Ancora, e più precisamente, la rivelazione di Dio e la fede dell'uomo avvengono non nell'idea o nell'immagine (metaforica) del corpo, ma nel corpo fisico reale, fatto di materia, di azioni e di linguaggi. Scrive a questo proposito il liturgista Giorgio Bonaccorso: *"Dio non ci ha rivelato che si è fatto carne, ma si è rivelato a noi attraverso la carne: la rivelazione non è la comunicazione attraverso le parole e i concetti, che Dio ha assunto un corpo umano, ma è l'assunzione di un corpo umano che si esprime in molteplici modi, tra i quali c'è anche la parola"*[7]

Quanto sopra detto a proposito della Rivelazione appare in tutta la sua verità quando guardiamo alla liturgia. Scrive il monaco benedettino François Cassigena-Trévedy: *"I sacramenti – e di conseguenza la liturgia – non dipendono dalla sfera intellettuale, dall'idealità pura: essi coinvolgono l'ambito fisico, operano un'assunzione integrale del sensibile, molto semplicemente perché si inseriscono nell'economia della incarnazione"*[8]. E il liturgista

---

[7] G. BONACCORSO, *L'Eucaristia alla radice: che cosa è un rito?* in *Discorso breve sull'Eucaristia,* a cura di R. BARILE, ediz. Studio Domenicano, Bologna, 2007, p. 19.

[8] F. CASSINGENA-TRÉVEDY, *La bellezza della liturgia,* Qiqajon, Comunità di Bose, 2003, p. 30

Luigi Girardi : *"La liturgia è la celebrazione del mistero di Cristo al qual si partecipa attraverso la mediazione corporea dei riti e delle preghiere"*[9]. E ancora: *" La salvezza celebrata è una salvezza incarnata, è il Figlio divenuto veramente e per sempre uomo...La forza e il realismo della celebrazione dei sacramenti stanno nel loro dare corpo, dare spazio-tempo, dare attualità alla relazione con Cristo nello Spirito, attraverso le parole, i gesti e le azioni sacramentali"*[10] .

In conclusione il celebrare, e dunque la liturgia, non è propriamente dell'ordine del logos, ma dell'ergon. E nel suo essere azione la liturgia coinvolge l'uomo nella sua totalità. Per questo giustamente un grande liturgista, uno dei massimi rappresentanti del Movimento liturgico, Romano Guardini affermava: *"Ciò che opera nell'azione liturgica, che prega, offre e agisce non è «l'anima», non l'interiorità, bensì «l'uomo»: è l'uomo intero che esercita l'attività liturgica. L'anima, sì certamente, ma solo in quanto essa vivifica il corpo. L'interiorità, sì certamente, ma solo in quanto si manifesta nel corpo"*[11]. In altri termini, la liturgia non si pone anzitutto sul registro del sapere concettuale, ma su quello della corporeità, del vedere, dell'ascoltare, del gustare, del muoversi, del toccare, ecc. Scrive il liturgista Giorgio Bonaccorso:

---

[9] L. GIRARDI, *Il corpo celebrante e l'esperienza della salvezza,* in «Rivista Liturgica» 1 (2002), p. 65

[10] ibidem, p. 77

[11] R. GUARDINI, *Formazione liturgica,* Vita e Pensiero, Milano, 1988, p. 21.

"Se non si tocca, ma anche se non si sente, se non si vede, e non si assapora, non c'è liturgia come culto di Dio"[12]. Si dice, a ragione, che la liturgia è un "incontro": incontro tra una persona e Dio, tra una persona e le altre persone. Ora, l'incontro non avviene mai a livello solo mentale, ma sempre attraverso la mediazione del corpo; il corpo è sempre coinvolto in una comunicazione interpersonale. E' nel proprio corpo e attraverso di esso che una persona percepisce il reale, quel reale che è sia la realtà mondana che ci circonda, sia la presenza di Dio che, non per nulla, nella liturgia è detta "reale".

Liturgia e teologia.

- La liturgia veicola una teologia della fede. La tradizione liturgica conosce in proposito un adagio famoso che, in latino, si enuncia con le parole "lex orandi, lex credendi", che si traduce letteralmente: la legge della preghiera è la legge della fede. L'adagio è stato formulato da Prospero di Aquitania, segretario di Papa Leone, a metà del V secolo. Prospero si proponeva di confutare gli errori dei pelagiani e per confutare tali errori cita una serie di testi di Papi e concili e soprattutto propone un argomento che si può dire liturgico: *"consideriamo i riti che, trasmessi dagli*

[12] G. BONACCORSO, *Presentazione* al libro di J. SCHERMANN, *Il linguaggio nella liturgia. I segni di un incontro,* Cittadella Editrice, Assisi, 2004, p. 9.

apostoli, vengono celebrati allo stesso modo nel mondo intero e in tutta la Chiesa cattolica, in modo tale che la maniera di pregare determina la regola della fede (ut legem credendi lex statuat supplicandi)". Questo adagio non vale solo per i testi; la sua portata si estende alle celebrazioni in quanto tali e alla loro struttura. Ogni atto liturgico è portatore di un significato teologico: il luogo delle letture, all'inizio della Messa, indica che la preghiera si inizia con l'ascolto di un Altro, che viene a noi; il radunarsi dei cristiani, la domenica, insegna che sono dei risuscitati; l'imposizione delle mani, nelle ordinazioni, evidenzia che si tratta di un dono dello Spirito...ecc. Il modo di pregare esprime il modo di credere. In particolare la celebrazione eucaristica domenicale struttura la nostra identità di cristiani attorno alla Pasqua di Gesù: la vita cristiana è per sua natura contrassegnata e mossa dalla dinamica della Pasqua. Perché il cristiano è nato dalla Pasqua mediante i sacramenti dell'iniziazione cristiana, è continuamente alimentato dal sacramento totale della Pasqua (l'Eucaristia domenicale); deve perciò vivere ciò che è per il mistero pasquale in cui è stato sacramentalmente inserito. Dalla liturgia la catechesi può attingere tanti contenuti essenziali per trasmettere il deposito della fede.

Liturgia e appartenenza alla Chiesa

- La liturgia ci educa al fatto che la fede cristiana non è mai prima di tutto la fede del singolo ma la fede della Comunità, della Chiesa. La fede del singolo o nasce e si sviluppa dalla fede della Chiesa o semplicemente non è fede. Riunendosi in assemblea ogni domenica per celebrare i divini misteri, ogni cristiano scopre la dimensione ecclesiale della sua fede, il suo essere parte di un corpo. Alla domenica, nella santa Messa, professando il "Credo" noi ci esprimiamo in prima persona, ma confessiamo comunitariamente l'unica fede della Chiesa. Prima dell'"io credo" c'è il "noi crediamo". Nelle celebrazioni liturgiche sperimentiamo la verità di quanto afferma papa Francesco nella sua prima enciclica: "*la fede ha una forma necessariamente ecclesiale, si confessa dall'interno del corpo di Cristo, come comunione concreta dei credenti. È da questo luogo ecclesiale che essa apre il singolo cristiano verso tutti gli uomini. La parola di Cristo, una volta ascoltata e per il suo stesso dinamismo, si trasforma nel cristiano in risposta, e diventa essa stessa parola pronunciata, confessione di fede. San Paolo afferma: « Con il cuore infatti si crede [...], e con la bocca si fa la professione di fede... » (Rm 10,10). La fede non è un fatto privato, una concezione individualistica, un'opinione soggettiva, ma nasce da un ascolto ed è destinata a pronunciarsi e a diventare annuncio*"[13]. E' nella comunità ecclesiale che la fede personale

[13] FRANCESCO, *Lumen fidei*, Lettera enciclica sulla fede, Città del Vaticano, 29 giugno 2013

nasce, cresce e matura. Il Catechismo della Chiesa Cattolica riassume in modo chiaro così: *«Credere" è un atto ecclesiale. La fede della Chiesa precede, genera, sostiene e nutre la nostra fede. La Chiesa è la Madre di tutti i credenti. "Nessuno può dire di avere Dio per Padre, se non ha la Chiesa come Madre»* (n. 181). Quindi la fede nasce nella Chiesa, conduce ad essa e vive in essa. E tutto questo lo si impara anzitutto partecipando alle celebrazioni liturgiche. In defintiva potremmo dire che la liturgia esprime un'antecedenza della Chiesa rispetto ai singoli cristiani, e facendo ciò è rivelativa di un aspetto importante dell'educazione alla fede, specie nel contesto contemporaneo.

Conclusione

A conclusione di queste sintetiche considerazioni sul rapporto tra la liturgia e l'educazione alla fede mi paiono quanto mai illuminati alcune parole del monaco liturgista Goffredo Boselli: *"Il futuro del cristianesimo in occidente dipende in larga misura dalla capacità che la Chiesa avrà di fare della sua liturgia la fonte della vita spirituale dei credenti. Per questo la liturgia è una responsabilità per la Chiesa di oggi. Mi convinco sempre più che l'interrogativo decisivo al quale è necessario dare una risposta al più presto non è anzitutto come i credenti vivono la liturgia, quanto piuttosto se i credenti vivono della liturgia che celebrano....Vivere la liturgia che si celebra significa vivere di ciò che la liturgia fa vivere: il perdono invocato, la parola di Dio ascoltata, l'azione di grazie innalzata, l'eucaristia ricevuta come comunione. Se vivono della liturgia, i credenti vivranno diversamente la liturgia perché è essa stessa ad avere in sé quelle energie spirituali per essere sorgente della vita spirituale dei credenti"*[14].

[14] GOFFREDO BOSELLI, *Il senso spirituale della liturgia,* Qiqajon, Comunità di Bose, 2011, p.7

Capitolo II

Considerazioni sintetiche sul tema della formazione liturgica

Lo stretto rapporto tra la liturgia e l'educazione alla fede che ho cercato di presentare postula un'attenzione ad un tema caro ai liturgisti, e cioè il tema della formazione liturgica. Si tratta di un tema molto dibattuto rispetto al quale è possibile trovare una discreta bibliografia. L'impressione che ho è che se da un lato questa necessità della formazione liturgica sembra ormai una istanza acquisita a livello della teologia e del Magistero[15], dall'altro lato pare che ancora molta strada ci sia da fare prima che diventi mentalità diffusa e condivisa tra chi opera concretamente nella "vigna del Signore". Fatta questa breve premessa, articolo le mie brevi considerazioni in due punti: 1-Che cosa si intende per formazione liturgica. 2-Come promuovere la formazione liturgica.

---

[15] cfr GIOVANNI PAOLO II, Lettera apostolica *Novo Millennio Ineunte,* 6 gennaio 2001, n.34. BENEDETTO XVI, Esortazione apostolica *Sacramentum caritatis,* 22 febbraio 2007, nn 38-42

1. Che cosa si intende per formazione liturgica

A partire dalla *Sacrosanctum Concilium*[16] e nei documenti successivi relativi all'attuazione della riforma liturgica[17], troviamo in modo costante l'esortazione a promuovere con impegno la formazione (educazione) alla liturgia. Quest'ultima è intesa quale opera assolutamente necessaria, tanto quanto la riforma dei riti e dei testi, per la realizzazione della riforma stessa. Un testo, in particolare, appare fondamentale in questa prospettiva: *"E' prima di tutto necessario che ognuno si convinca che scopo della Costituzione liturgica non è tanto di cambiare i riti e i testi liturgici, quanto piuttosto di suscitare quella formazione dei fedeli e promuovere quell'azione pastorale che abbia come suo culmine e sorgente la sacra liturgia"*[18]. Dai documenti, dunque, è possibile evincere che la formazione liturgica è considerata come impegno primario dell'azione pastorale della Chiesa; dai medesimi documenti, tuttavia, non è immediato cogliere che cosa si intenda per formazione liturgica, poiché indicazioni esplicite in questo senso sono sporadiche[19]. Ci chiediamo, pertanto: in cosa consiste la formazione liturgica? In un intervento di qualche anno fa all'annuale settimana di studio dell'Associazione Professori di Liturgia (APL), Mons Alceste Catella, allora presidente della medesima Associazione, cercando di delineare

---

[16] Cfr in particolare la seconda parte del I capitolo intitolata: *Necessità di promuovere l'educazione liturgica e la partecipazione attiva*

[17] cfr in particolare GIOVANNI PAOLO II, Lettera apostolica *Vicesimus quintus annus,* 4 dicembre 1988

[18] SACRA CONGREGAZIONE DEI RITI, Istruzione *Inter Oecumenici,* 26 settembre 1964

[19] Del resto non è compito dei documenti magisteriali scendere nelle determinazioni

sinteticamente il lavoro di ricerca compiuto fino ad allora dell'APL, così si esprimeva: *"la storia della nostra Associazione, il faticoso cammino di ricezione di Sacrosanctum Concilium illustrano la logicità e la intrinseca necessità del nostro "discorrere" dal "che cosa" al "perché" e al "come" celebrare: dato che la liturgia è "esercizio dei sensi spirituali"; è "simbolo in azione""*[20] Questa "triade" indicata dal prof. Catella per descrivere il lavoro dell'APL, mi pare, possa aiutarci a comprendere che cosa si intende per formazione liturgica: è un'iniziazione globale al fatto liturgico, che coinvolge tanto l'aspetto teologico (il "che cosa e il perché si celebra") quanto l'aspetto antropologico (il "come si celebra"). Una formazione liturgica, per essere veramente tale, dovrebbe svolgersi precisamente su queste due linee intimamente connesse fra loro: quella "teologica" del sacramento e quella "antropologica" del rito. La prima è connessa direttamente con l'esperienza di fede, e tende a far vivere in profondità l'azione liturgica come momento effettivo della storia della salvezza, in rapporto dinamico con il mistero della Chiesa, con l'evento pasquale di Cristo, con la parola di Dio. La seconda implica tutto il discorso sull'agire simbolico, sul linguaggio e la comunicazione e sta alla base della cosiddetta ars celebrandi. Entrambe le linee vanno decisamente assunte in un progetto serio di formazione liturgica e ad entrambe va data la medesima rilevanza. Forse, però, l'attuale contesto socio-culturale di diffusa

[20] A. CATELLA, *Dal "che cosa" e "perché" al "come" si celebra,* in *L'arte del celebrare,* a cura dell'Associazione Professori di Liturgia, Roma, Centro Liturgico Vincenziano, 1999, (Biblioteca "Ephenerides liturgicae" "Subsidia", 102), p.15

scristianizzazione chiama la Chiesa ad una ripresa coraggiosa e intelligente soprattutto della prima linea. A questa considerazione del tutto personale, mi spingono, tra l'altro, le illuminate parole pronunciate dal Card. Danneels durante il Concistoro straordinario del maggio 2001: *"Il sacramento si sta spostando dal centro della vita della Chiesa verso la periferia...Le cause? Sono senza dubbio molte e diverse. Comunque, non si tratta della perdita del senso simbolico o del gusto per i riti, come talvolta si è detto. Mai come nella nostra epoca infatti vi è stata una simile infatuazione per i riti: germogliano come la vegetazione lussureggiante di una foresta tropicale. S'inventano e si commercializzano riti profani, cosmici o legati alla religiosità naturale, a tutti i grandi paesaggi della vita umana: nascita, pubertà, matrimonio e morte. Siamo forse tornati ai tempi dei druidi celti o delle religioni misteriche? Quello che è in causa è il valore aggiunto storico e cristologico dei riti sacramentali cristiani, che precisamente distingue i sacramenti della Chiesa dai riti universalmente umani".*[21] Al di la di una prevalenza da accordare all'una o all'altra linea, da quanto è stato finora detto appare chiaro che quello della formazione liturgica è un lavoro pastorale complesso e impegnativo, che chiede un "investimento" notevole di tempo e di energie, soprattutto da parte dei presbiteri, dato che ad essi è affidato in primo luogo il compito di promuovere la

---

[21] *Il Regno-documenti,* 11/2001

formazione liturgica dei fedeli[22]. Ma qui arriviamo alla seconda questione.

2. Come promuovere la formazione liturgica

Cominciamo con il dire che non esistono ricette preconfezionate. Tuttavia vi sono alcune scelte pastorali di fondo che andrebbero decisamente assunte se si vuole davvero realizzare un efficace lavoro di formazione liturgica.

1- La promozione della formazione liturgica può avvenire nella misura in cui la liturgia diviene oggetto di attenzioni pastorali, e ancor di più solo se inserita organicamente nella prassi ecclesiale e non avulsa dalla vita della comunità ecclesiale come purtroppo accade di frequente ancora oggi[23]. In particolare, solo assumendo la formazione liturgica come vero "lavoro pastorale" sarà possibile perseguire l'obiettivo ultimo della formazione liturgica: favorire la partecipazione piena, attiva e consapevole di tutto il popolo di Dio (cfr SC 14). Fintanto che la formazione liturgica rimane relegata a qualcosa di opzionale nella pastorale ecclesiale, questo obiettivo sarà difficilmente perseguibile.

[22] *"I pastori d'anime curino con zelo e con pazienza la formazione liturgica, come pure la partecipazione attiva dei fedeli, sia interna che esterna, secondo la loro età, condizione, genere di vita e cultura religiosa. Assolveranno così uno dei principali doveri del fedele dispensatore dei misteri di Dio. E in questo campo cerchino di guidare il loro gregge non solo con la parola ma anche con l'esempio"* (SC 19)

[23] si pensi per esempio al capitolo dell'Anno liturgico e la sua difficoltà ad accordarsi con il cosiddetto "Anno pastorale"

2- In vista di una promozione della formazione liturgica andrebbe certamente ripreso il tema del rapporto tra liturgia e catechesi, a tutt'oggi estremamente fragile, secondo le direttrici prospettate dal documento *Rinnovamento della Catechesi*[24]: a- la liturgia come fonte della catechesi b- la catechesi come iniziazione alla liturgia c- la liturgia come catechesi in atto e come luogo che non solo forma alla fede e informa sulla fede, ma la celebra e la pone in atto. Il conseguimento di una maggior interazione tra catechesi e liturgia è una esigenza imprescindibile, soprattutto in relazione alla educazione cristiana delle giovani generazioni. In questa prospettiva, la pubblicazione della Nota della Conferenza Episcopale Italiana *L'iniziazione cristiana. 2. Orientamenti per l'iniziazione cristiana dei fanciulli e dei ragazzi dai 7 ai 14 anni* e della relativa *Guida per l'itinerario catecumenale dei ragazzi* offrono un modello di come sia possibile realizzare un lavoro comune tra catechisti e operatori della liturgia.

3- Decisamente importante sarebbe verificare come avviene la formazione liturgica dei presbiteri nelle Chiese locali, poiché da essa dipende in grande misura, come molto realisticamente ricordava già la Costituzione conciliare sulla sacra Liturgia, la

---

[24] CONFERENZA EPISCOPALE ITALIANA, *Il rinnovamento della catechesi. Documento Base*,, 2 febbraio 1970

formazione liturgica dell'intero popolo di Dio[25]. In questa prospettiva è da segnalare come Papa Giovanni Paolo II nella *Lettera Apostolica Vigesimus quintus annus nel XXV anniversario della Sacrosanctum Concilium* ripetutamente sottolinei il compito insostituibile dei presbiteri nell'ambito della promozione della formazione liturgica[26] E dopo di lui papa Benedetto XVI in tanti suoi interventi al clero di tutto il mondo. E' fuori dubbio che se da una parte tale formazione non può essere intesa come un discorso isolato da quello più generale della educazione liturgica di tutti i fedeli, e in particolare di quelli chiamati a compiti ministeriali nell'assemblea, dall'altra

---

[25] *"E' ardente desiderio della madre Chiesa che tutti i fedeli vengano formati a quella piena, consapevole e attiva partecipazione alle celebrazioni liturgiche, che è richiesta dalla natura stessa della liturgia e alla quale il popolo cristiano, stirpe eletta, sacerdozio regale, nazione santa, popolo acquistato, ha diritto e dovere in forza del battesimo. A tale piena e attiva partecipazione di tutto il popolo va dedicata una specialissima cura nel quadro della riforma e della promozione della liturgia. Essa infatti è la prima e indispensabile fonte dalla quale i fedeli possono attingere il genuino spirito cristiano, e perciò i pastori d'anime in tutta la loro attività pastorale devono sforzarsi di ottenerla attraverso un'adeguata formazione. Ma poiché non si può sperare di ottenere questo risultato, se gli stessi pastori d'anime non saranno impregnati, loro per primi, dello spirito e della forza della liturgia e se non ne diventeranno maestri, è assolutamente necessario dare il primo posto alla formazione liturgica del clero.."* (SC, 14)

[26] Cfr in particolare il numero 15: *"Il compito più urgente è quello della formazione biblica e liturgica del Popolo di Dio, dei pastori e dei fedeli. La costituzione lo aveva già sottolineato: «Non si può sperare la realizzazione di tutto ciò (la partecipazione piena e attiva di tutto il popolo) se gli stessi pastori d'anime non siano penetrati, essi per primi, dello spirito e della forza della liturgia e non ne diventino maestri» («Sacrosanctum Concilium», 14). E', questa, un'opera di lungo respiro, la quale deve cominciare nei seminari e nelle case di formazione (cfr. Sacrae Congr. Rituum Instr. «Inter Oecumenici», 11-13, die 6 sept. 1964: AAS 56 [1964] 879-880; Sacrae Congr. Pro Instit. Cath. «Ratio fundamentalis institutionis sacerdotalis», VIII, die 6 ian. 1970: AAS 62 [1970] 351-361; Instr. «In ecclesiasticam futurorum de institutione liturgica in Seminariis», die 3 iun. 1979, Romae 1979) e continuare lungo tutta la vita sacerdotale (cfr. Sacrae Congr. Rituum Instr. «Inter Oecumenici», 14-17, die 26 sept. 1964: AAS 56 [1964] 880-881). Questa stessa formazione adattata al loro stato, è indispensabile anche per i laici (cfr. «Sacrosanctum Concilium», 19), tanto più che questi, in molte regioni, sono chiamati ad assumere responsabilità sempre più notevoli nella comunità".*

parte essa merita un'attenzione privilegiata poiché è proprio di ciascun ministro ordinato *"curare con pazienza e zelo la formazione liturgica, come pure la partecipazione attiva, dei fedeli"* (SC, 19). Si tratta, in buona sostanza, di formare i formatori.

Conclusione

Promuovere la formazione liturgica significa fondamentalmente favorire la presa di coscienza dell'importanza "pastorale" del momento liturgico come luogo della comunicazione della fede e della edificazione della comunità credente. Ai nostri giorni non è più tollerabile la divaricazione pratica che esiste ancora, in modo più o meno latente, tra liturgia e prassi pastorale, divaricazione che va contro il genuino spirito della riforma liturgica: *"anche se la liturgia non esaurisce tutta l'attività della Chiesa, si deve tuttavia curare attentamente che tutte le opere pastorali siano in giusta connessione con la sacra liturgia, e, nello stesso tempo, che la pastorale liturgica non si svolga in modo separato e indipendente, ma in intima unione con le altre attività pastorali"*[27].

Un esempio del permanere di questa divaricazione tra liturgia e prassi pastorale e conseguentemente della necessità di promuovere la formazione liturgica, è dato dalla reciproca estraneità che spesso permane tra l'Anno liturgico e i cosiddetti piani pastorali delle diocesi o

[27] SACRA CONGREGAZIONE DEI RITI, Istruzione *Inter Oecumenici,* 26 settembre 1964

delle parrocchie. In effetti la sensazione, suffragata dall'esperienza, è che spesso i tempi dell'Anno liturgico sono spesso ridotti a contenitori di iniziative pastorali, senza tener conto della loro destinazione specifica e dell'organizzazione delle letture bibliche che li caratterizzano. Accade così che, il più delle volte, Anno liturgico e azione pastorale procedono su binari paralleli, ignorandosi reciprocamente, determinando una situazione nella quale l'assemblea domenicale non è né soggetto dell'azione pastorale, né luogo di crescita nella fede. E' necessario pertanto educare i fedeli ad una comprensione della struttura e del senso dell'Anno liturgico, offrire loro cioè una sorta di iniziazione. E questo perché, come per la celebrazione dei sacramenti, anche per l'Anno liturgico la partecipazione deve essere consapevole: i fedeli debbono conoscere ciò che vi possono trovare e ciò che vi possono ricevere.

Una volta che l'Anno liturgico è compreso nella sua struttura e nel suo significato è possibile entrare pienamente nella sua dinamica pastorale: *"la posizione più corretta è di chi assegna all'Anno liturgico una funzione di sostegno e di crescita nella fede e nell'impegno dei cristiani, i quali si rendono conto dei molteplici aspetti della proposta cristiana e della testimonianza apostolica, e colgono la dimensione ecclesiale-comunitaria della vita dei discepoli di Gesù"*[28].

In altri termini esiste un legame strutturale tra l'Anno liturgico e il compito pastorale della Chiesa in ordine all'educazione dei fedeli

---

[28] L. DELLA TORRE, *L'Anno liturgico struttura formativa della comunità ecclesiale e dell'esistenza cristiana,* in *Corso di morale V. Liturgia (etica della religiosità),* a cura di T. GOFFI, G. PIANA, Brescia, Queriniana, 1986, p. 315.

all'esperienza delle dimensioni reali del mistero di Cristo. In particolare l'azione pastorale se modellata sull'Anno liturgico viene garantita, evitando di essere sottoposta alle sensibilità personali dei pastori o di essere troppo indulgente verso settoriali bisogni dei fedeli. Non si tratta evidentemente di ridurre l'azione pastorale della Chiesa alle celebrazioni liturgiche che si susseguono nel corso dell'Anno liturgico; piuttosto si tratta di proporre un metodo teologico, affatto scontato, che sappia riconoscere il primato nel tempo dell'azione di Dio su quella degli uomini. Ed è in particolare la parola di Dio, distribuita mediante lo strumento pedagogico del Lezionario[29], a dare consistenza a questo metodo teologico, in quanto la comunità cristiana, nel corso dell'Anno liturgico, ricorre alla parola di Dio *"non in forza di sollecitazioni pastorali o di motivi di natura contingente, ma nell'intento di annunziare il vangelo e portare ai credenti alla conoscenza di tutta la verità"*[30]. L'Anno liturgico come modello per la vita ecclesiale costituisce un punto di riferimento imprescindibile e un criterio di valutazione insostituibile. Dalla tensione fra questo modello e ciò che la comunità, nelle sue varie articolazioni, riesce a percepire e a vivere, nascono i problemi pastorali, ma anche le prospettive per una azione che, in quanto rispondenza alle continue sollecitazioni dello Spirito, almeno a livello di tentativo, non potrà mai risultare infruttuosa.

---

[29] Su questo tema cfr. in particolare A. LAMERI, *L'anno liturgico come itinerario biblico,* Queriniana, Brescia, 1998

[30] PRAENOTANDA ORDO LECTIONUM MISSAE n. 68

Capitolo III

Suggerimenti per la costituzione e il buon funzionamento di un Gruppo liturgico

Uno strumento pastorale per promuovere la formazione liturgica è la costituzione nelle parrocchie o Unità pastorali del Gruppo liturgico. Il Gruppo Liturgico non è una realtà opzionale nell'ambito della vita e della missione di una parrocchia, come non lo sono il Gruppo Caritas o il Gruppo Catechisti. Si può discutere sulla modalità concreta della sua realizzazione, ma non sulla sua opportunità. Come si è detto ripetutamente, la liturgia è dimensione essenziale della vita della Chiesa. Come ogni Gruppo, anche quello liturgico si deve porre nell'ottica del servizio a Dio e alla Chiesa. Questo comporta, anzitutto, un grande senso di maturità e di responsabilità

A. Che cos'è un gruppo liturgico?

È difficile rispondere con esattezza a questa domanda perché differenti sono le situazioni e le "risorse umane" delle nostre parrocchie. Possiamo dire che è il gruppo che dovrebbe raccogliere tutti coloro che agiscono nella liturgia (sacerdote, animatori dell'assemblea, responsabile dei ministranti, catechisti lettori, operatori musicali, sacrestani, Ministri straordinari della Comunione….)

B. Le coordinate essenziale per lavorare nel Gruppo liturgico.

Celebrare non è fare delle cose, ma incontrare una Persona, il Cristo morto e risorto. Chi prepara e anima la celebrazione deve tener conto che ha di fronte a sé delle persone e che deve condurle all'incontro con il Risorto. Diceva Origene: *«Beate quelle assemblee in cui gli occhi di tutti sono fissi sul Cristo»*. Ogni celebrazione può dire di raggiungere il suo scopo proprio quando realizza l'incontro salvifico tra l'uomo e Dio, quando fa crescere la carità tra i fratelli, quando diventa seme e forza di salvezza per il mondo al quale ogni cristiano è inviato. Compito del Gruppo liturgico è quello, allora, di aiutare a far nascere le condizioni perché possa realizzarsi questo incontro. *"Il rito liturgico esplicita il dialogo permanente tra Dio e il suo popolo: Dio lo raduna perché a qualcosa da comunicare e il popolo, mosso da questa chiamata, è provocato a rispondere al dono offerto con l'atto di fece e il canto di lode. La liturgia esprime questo meraviglioso scambio: è dunque un evento comunicativo perché in esso si attua il dialogo tra Dio e l'uomo.*

Nell'esperienza liturgica accade quella forma di comunicazione della fede che altrove e altrimenti non potrebbe darsi"[31].

Un Gruppo liturgico per svolgere tale servizio e far sì che non vadano disperse le ricchezze spirituali della liturgia, deve tenere conto come di "due argini di un grande fiume" entro i quali muoversi e operare le varie scelte. È questo il dinamismo che nasce dall'obbedienza all'azione dello Spirito

- ***Dall'osservanza della norma al coinvolgimento della persona.***

Da un lato l'attenzione e l'osservanza delle norme rubricali, determinano la "validità" della celebrazione e possono favorire l'atteggiamento pio e devoto di chi celebra e chi ascolta. Dall'altro, va posta attenzione alla persona, sia come singolo: gesti interiori ed esteriori, atteggiamenti, situazioni di vita, età.., sia come membro di un' assemblea liturgica: radunata, diversificata, ministeriale.

- ***Dalla fedeltà alla Tradizione all'attenzione alla cultura attuale.***

Da un lato la fedeltà alla Tradizione con la salvaguardia del testo e dei riti: un sacro tesoro da conservare con le sue ricchezze. Una scelta che si metta nel solco della grande esperienza ecclesiale, nella Tradizione orante della Chiesa. Dall'altro lato un'attenzione agli aspetti positivi, e dunque da assumere, che connotano la cultura contemporanea, favorendo il corretto adattamento di testi e riti.

---

[31] CONFERENZA EPISCOPALE ITALIANA, *Comunicazione e missione,* Direttorio sulle comunicazioni sociali nella missione della Chiesa, 2004

Il lavoro del Gruppo liturgico riguarda fondamentalmente due ambiti: 1- la formazione 2- l'animazione.

La formazione

Circa la formazione liturgica vale quanto detto in precedenza. Se essa riguarda tutti i fedeli, a maggior ragione deve riguardare quanti sono impegnati a vario titolo nella preparazione ed animazione delle liturgie. Qui mi preme ribadire che la formazione liturgica va intesa come un'iniziazione globale al fatto liturgico, che coinvolge tanto l'aspetto teologico (il "che cosa e il perché si celebra"), quanto l'aspetto antropologico (il "come si celebra"). Quello della formazione liturgica è un lavoro prioritario all'interno di un gruppo liturgico, che chiede un "investimento" notevole di tempo e di energie. Esso serve a formare persone competenti nel campo della liturgia, e non solo ben disposte.

L'animazione

Nell'Ordinamento Generale del Messale Romano (OGMR) troviamo scritto: *"La preparazione pratica di ogni celebrazione eucaristica si faccia di comune e diligente intesa, secondo il Messale e gli altri libri liturgici, fra tutti coloro che sono interessati rispettivamente alla parte rituale, pastorale e musicale, sotto la direzione del rettore della chiesa e sentito il parere dei fedeli per quelle cose che li riguardano direttamente. Al sacerdote che presiede la celebrazione spetta però sempre il diritto di disporre ciò che a lui compete".* (n. 111). In questo numero dell'OGMR si può riscontrare, per così dire, il fondamento dell'identità e dell'attività di un Gruppo liturgico. Il Gruppo liturgico deve essere costituito da sacerdoti, religiose e laici che hanno competenze varie in campo liturgico e ruoli diversi. Animare significa predisporre la celebrazione, per quanto sta a noi, in modo tale da favorire la partecipazione di tutti i fedeli. Ora, in che cosa consiste la partecipazione? Una preziosa indicazione per rispondere a questo interrogativo è offerta dal Sinodo dei vescovi del 1983: *"La partecipazione attiva non consiste solamente in una partecipazione esterna, ma nella partecipazione intima e spirituale, viva e fruttuosa del mistero pasquale di Cristo"*

Concretamente le riunioni di un Gruppo liturgico dovrebbero prevedere:

1. Momento della preghiera, per ricordare che non ci si trova solo per realizzare tecnicamente una celebrazione, ma anche per condividere la propria fede.

2. Momento della progettazione. Esso, che è fondamentale per ogni iniziativa pastorale, lo è ancora di più per la liturgia, che non si muove in maniera improvvisata ma segue la prospettiva dell'Anno Liturgico. La celebrazione non è un insieme oscuro e misterioso di cerimonie, formule e preghiere da amministrare, da distribuire, ma una "realtà viva" da costruire di volta in volta. Per celebrare bene non basta saper cosa fare. Prima bisogna capire il senso di quello

che si sta per fare. Compito primario quindi del Gruppo liturgico sarà quello di analizzare preventivamente il mistero da celebrare.

3. Momento della programmazione. Fissato il progetto, si cerca il linguaggio più adeguato per attuarlo, tenendo presente il tipo di assemblea che partecipa alla celebrazione. Il linguaggio della liturgia è il linguaggio rituale. Esso non si riduce ai segni verbali, ma è costituito da un complesso segnico molto vario e articolato. Nella liturgia "parlano" e "comunicano": *il corpo,* con la varietà dei gesti, *i tempi,* della giornata e dell'anno, *gli oggetti* usati nelle sequenze celebrative, *i vestiti, i colori, i fiori, gli spazi, le immagini*....Fondamentale la liturgia è la composizione armonica di tutti questi diversi linguaggi
4. Momento della distribuzione dei compiti. Al presbitero compete la presidenza delle celebrazioni e il coordinamento, per così dire, di tutti gli altri ministeri. Presbitero e ministri agiscono nella liturgia per favorire l'unico soggetto celebrante che è l'assemblea.
5. Momento della verifica. È importante valutare se il progetto/programma celebrativo ha funzionato. Serve a confermare o modificare le linee operative, a correggere eventuali errori, a migliorare la collaborazione tra gli operatori della liturgia, in vista di liturgie sempre più autenticamente partecipate.

Conclusione generale

Dobbiamo riscoprire sempre di nuovo il valore grande della liturgia in ordine all'educazione alla fede: ne va della qualità stessa della nostra fede. In questa prospettiva mi paiono quanto mai pertinenti e illuminanti alcune considerazioni del teologo Pierangelo Sequeri proprio sul valore della liturgia nella esperienza complessiva della fede.

"Nella liturgia cristiana, anche la Chiesa "si ferma"....Nel bel mezzo delle molte parole, discorsi, ragionamenti, progetti, azioni, operazioni, che sono necessarie per lo svolgimento del compito che la sequela del Signore le assegna, la Chiesa si prende spazio e tempo per "sostare con il Signore".....La liturgia è la Chiesa che "ferma" la sua foga, le sue passioni, il suo movimento, per ascoltare il Signore, per toccare il Signore, per farsi ascoltare e toccare dal Signore. Fermarci. Ascoltare. Divenire inoperosi, per non oscurare il Signore..."[32]

Queste parole di Sequeri ci dicono sinteticamente che cos'è veramente la liturgia e quanto essa sia necessaria al cammino di fede ecclesiale e personale. La liturgia, come ho cercato di mostrare, va considerata come "fonte" per la comprensione della fede e non semplice strumento. Essa è luogo eminente in cui la fede viene implicata, alimentata, irrobustita e approfondita.

[32] PIERANGELO SEQUERI, *Mistero e mistica. L'asse mistagogico della celebrazione ecclesiale,* in Rivista di Pastorale liturgica n. 267, 2/2008

Chi lavora per la liturgia ha coscienza dei cambiamenti di prospettiva oggi intuiti e che devono essere attuati: se prima si dava molta attenzione alla "riforma", occorre riportare l'impegno alla formazione e, più ancora, al tema dell'iniziazione. In tale direzione si intuisce anche il bisogno di una impostazione "mistagogica" della formazione, in cui catechesi e liturgia si richiamano e si esigono reciprocamente. «La liturgia è vita e non un'idea da capire (ha sottolineato papa Francesco), porta infatti a vivere un'esperienza iniziatica, ossia trasformativa del modo di pensare e di comportarsi, e non ad arricchire il proprio bagaglio di idee su Dio. Il culto liturgico "non è anzitutto una dottrina da comprendere, o un rito da compiere; è naturalmente anche questo ma in un'altra maniera, è essenzialmente diverso: è una sorgente di vita e di luce per il nostro cammino di fede"[33].

---

[33] FRANCESCO, *Discorso ai partecipanti alla 68esima Settimana Liturgica Nazionale del Centro di Azione liturgica,* Roma 24 agosto 2017. Più globalmente il papa ha trattato della mistagogia in Evangelii Gaudium, n. 166, parlandone come della *«necessaria progressività dell'esperienza formativa in cui interviene tutta la comunità»* e della *«rinnovata valorizzazione dei segni liturgici dell'iniziazione cristiana»*. Si veda anche BENEDETTO XVI, *Esortazione apostolica Sacramentum caritatis*, 22 febbraio 2007, n. 64

Bibliografia

Viene qui di seguito suggerita una piccola bibliografia per "entrare" nel mondo della liturgia e della sua forza rivelativa ed educativa in ordine alla fede

- A. GRILLO, *Riti che educano,* Cittadella editrice, Assisi, 2011
- A. LAMERI, *Liturgia,* Cittadella editrice, Assisi, 2013
- F. CASSINGENA-TREVEDY, *La bellezza della liturgia,* Edizioni Qiqajon Comunità di Bose, Magnano (Bi), 2003
- G. BONACCORSO, *Celebrare la salvezza,* Edizioni Messaggero, Padova, 1996
- G. BOSELLI, *Il senso spirituale della liturgia,* Edizioni Qiqajon Comunità di Bose, Magnano (Bi), 2011
- J. RATZINGER, *Introduzione allo spirito della liturgia,* Edizioni san Paolo, Cinisello Balsamo (Mi), 2001
- M. GITTON, *Iniziazione alla liturgia romana,* Edizioni Qiqajon Comunità di Bose, Magnano (Bi), 2008
- P. DE CLERCK, *L'intelligenza della liturgia,* Libreria editrice Vaticana, Città del Vaticano, 1999

Printed by Books on Demand GmbH, Norderstedt / Germany